AF439012

LK7 Rebera.
8597
A

Double de Double Ye. 23652 (3)

LE VOYAGE DE St. CLOUD,

Par Mer & par Terre.

par M. Neel.

A LA HAYE,

Aux Dépens de la Compagnie.

M. DCC. XLVIII.

(6)

LE
VOYAGE
DE
St. CLOUD,

Par Mer & par Terre.

LA PASSION DE VOYA-
GER, est sans contredit la
plus digne de l'homme ; el-
le lui forme l'esprit, en lui donnant
la pratique de mille choses que la
théorie ne sçauroit démontrer. Je
puis en parler aujourd'hui en con-
noissance de cause. Il n'y a rien de
si sot & de si neuf qu'un Parisien

A 2   qui

qui n'a jamais forti les Barriéres :
s'il voit des Terres, des Prés, des
Bois, & des Montagnes, qui terminent fon horifon, il penfe que
tout cela eft inhabitable : il mange
du pain & boit du vin à Paris, fans
fçavoir comment croiffent l'un &
l'autre. J'étois dans ce cas avant
mon Voïage : je m'imaginois que
tout venoit aux arbres : j'avois vû
ceux du *Luxembourg* raporter des
Marons d'Inde, & je croïois qu'il
y en avoit d'autres dans des jardins
faits exprès, qui raportoient du bled,
du raifin, des fruits, & des légumes
de toutes efpéces : mais je fuis bien
revenu actuellement de mon erreur
de mon ignorance : il ne me falloit
rien moins pour cela, que le Voïage de long cours, d'où, par la gra-
ce de Dieu, je fuis de retour, & dont
je donne ici la Relation au Public :
rien de plus capable d'exciter les
jeunes gens à voïager que la lecture

re de différents Voïageurs : c'eſt
auſſi le ſeul but que je me ſuis
propoſé.

Il y a deux ans que l'on me tour-
mentoit pour me faire ſortir de Paris, lors qu'enfin un de mes amis,
qui a une fort jolie maiſon de campagne à St. Cloud, me preſſa ſi vi-
vement de l'y aller voir, que je ne
pûs m'en défendre. La priére de la
charmante Henriette, ſa ſœur uni-
que, que j'aimois & que j'aime encor de tout mon cœur, acheva de
m'y déterminer : j'avois beſoin d'un
auſſi puiſſant motif, pour vaincre
ma répugnance à jamais m'expo-
ſer en route : elle me dit qu'elle y
devoit paſſer les Fêtes de la *St.*
Jean & de la *St. Pierre*, & me
fit promettre, ſur l'amour que
j'avois pour elle, de venir l'y join-
dre : le ton gracieux & tendre
avec lequel elle me dit cela, fût
encore un véhicule qui me porta

A 3   à lui

à lui jurer , par ses beaux yeux, que je ferois tout pour elle : je lui donnai cent baisers amoureux pour gages de mon serment , & je lui en aurois donné mille s'il n'avoit point fait si chaud : mais je la quittai tout en sueur , tant je m'étois fait de violence de lui sacrifier mon dégoût pour le voïage.

Naïant que huit jours à moi ; pour disposer mon départ, je commençai par faire blanchir tout mon linge, que j'étageai dans une malle, avec quatre paires d'habits complets de différentes saisons , deux perruques neuves , un chapeau, des bas , & des souliers, aussi tous neufs : & comme j'avois entendu dire qu'en voïage il ne falloit s'embarrasser de bagage sur soi que le moins que l'on pouvoit, je mis dans un grand sac de nuit tout mon nécessaire ; sçavoir , ma robe de chambre , deux bonnets brodés, un bon-

nnet

net de velours, des pantoufles, un
fac à poudre, ma flûte à bec, ma
carte de géographie, mon compas,
mon craïon, mon écritoire, un
fixain de piquet, & mes heures:
je ne réfervai, pour porter fur moi,
que mes gants, mes bottes, mon
foüet, ma redingote, mes piftolets
de poche, mon manchon, mon
parapluïe, ma canne & mon coû-
teau de chaffe.

Tout mon équipage fut prêt en
quatre jours ; il ne s'agiffoit plus
que de mettre ordre à mes petites
affaires, tant fpirituelles que tem-
porelles. Après avoir fait une con-
feffion générale, je fis un tefta-
ment olographe, que j'écrivis moi-
même à tête repofée : je fus faire
mes adieux à tous mes voifins, pa-
rens, & amis : j'avois toûjours oüi
dire que l'air de la mer étoit mal-
faifant à ceux qui n'y étoient point
habitués dès jeuneffe ; & pour m'y

acou-

acoutumer petit-à-petit, j'allois
tous les jours me promener fur les
Bâteaux de Blanchiffeufes pendant
une heure ou deux : je paffois l'eau
auffi, de tems en tems, du Port-
Saint-Nicolas aux quatre-Nations,
& j'ai continué cette manœuvre
jufqu'à mon départ. Deforte qu'in-
fenfiblement je m'y fuis fait.

Quand je fus à la veille de partir, quoique l'on m'eût affuré que
je trouverois des vivres dans le
Navire fur lequel je devois m'embarquer pour aller à *St. Cloud*, &
qu'on m'eut dit que le Sr. *Lange-*
vin qui en eft le munitionnaire gé-
néral, & entrepreneur des vivres
de cette partie de la Marine, ne
manquoit de rien, & étoit pourvû
de tout ce qui pouvoit contribuer
à la commodité des Voïageurs, je
fis toujours, par précaution, achet-
ter un grand panier d'ofier, fer-
mant à clef, dans lequel je fis
met-

mettre un biscuit de trois sols du Palais-Roïal, (car j'ai retenu de quelqu'un, qu'il ne falloit jamais s'embarquer sans biscuit) un petit pain mollet du Pont-Saint-Michel, une demie bouteille de bon vin à dix ; deux grosses bouteilles d'Eau d'Arceüil à la glace, une livre de cerises, & un morceau de fromage de Brie : bien m'en a pris, en vérité, de faire ces petites provisions ; car ce même *Langevin*, que l'on m'avoit plus vanté qu'*Aubry*, n'avoit rien de tout cela : il n'avoit que du Brandevin, que je n'aime point, & des petits pains à la *Sigovie* qui sont indigestes.

Enfin, le grand jour de mon départ arrivé (c'étoit par un Dimanche, veille de la St. Jean derniére, car je m'en souviendrai tant que je vivrai) mon Régent, de qui j'avois été prendre congé, voulut me venir conduire, avec ma mere & mes

deux

deux tantes, qui, pour être levées plus matin, avoient passé la nuit dans ma chambre : nous prîmes deux carosses, un pour nous, & l'autre pour mon équipage : tous mes voisins étoient aux portes & aux fenêtres, pour me dire adieu & me souhaiter un bon Voïage : je laissai à une de mes voisines, mon beau chat-chartreux, & à une autre mon petit serin, & nous fûmes entendre la Messe au St. Esprit. En arrivant au Pont-Roial, nous vîmes beaucoup de monde sur le port, & nous jugeâmes qu'on ne tarderoit point à partir : le cœur me battoit extraordinairement à la vûë du Navire ; celui qui étoit en charge pour lors se nommoit le *St. François*, commandé par le le Capitaine *Duval*, fort expérimenté dans la Marine de terre & de mer, & qui, suivant que lui-même m'en a assuré, n'a pas encore été noïé

noïé une seule fois depuis vingt
ans qu'il navige. Je fis embarquer
tout mon bagage sous la levée ;
on n'atendoit plus que le vent de
huit heures & demie pour tirer la
planche & *pousser hors.* Déja le Pilote avoit levé le Drapeau avec lequel il donnoit le signal du haut de
la *Jettée*, & les Matelots répandus
dans les Auberges voisines, y bat-
toient le *Bouttefelle*, & y hâtoient
à grands cris les Voïageurs. Il est
vrai que leurs juremens déplûrent
beaucoup à ma mere & à mes deux
tantes, qui firent un peu la grima-
ce, & moi aussi, mais mon Ré-
-gent, qui avoit déja vogué deux
fois de Paris à Charenton, nous
rassura beaucoup, en nous disant
que c'étoit-là la façon ordinaire
dont tous les gens de mer s'expli-
quoient.

Il est bien vrai de dire que dans
les différents embarras d'un départ,

on oublie toujours quelque chofe:
ma mere, qui avoit été autrefois
dans le commerce, fe reffouvint
que pour rendre le Capitaine ref-
ponfable de fa cargaifon, on faifoit ordinairement une Lettre de
Voiture pour chaque Ballot qui
s'embarquoit dans fon *Bord* ; elle
en vouloit faire une pour moi &
ma pacotille : mes tantes d'un autre côté vouloient me faire efcomp-
ter à la Chambre des Affurances;
mais il étoit trop tard pour prendre toutes ces précautions ; le Pilote *Montbazon* juroit après moi,
on n'atendoit que moi pour lever
la fermûre & démarer, il fallut nous
féparer malgré nous ; la mere du
Capitaine *Duval*, qui l'étoit venu
conduire jufqu'au Port, m'arracha
des bras de mon Régent, de ma
mere, & de mes deux tantes, pour
me pouffer à *bord* ; elles n'eûrent
que le tems de me couler dans mes

po=

poches, chacune une piéce de six sols, & de me promettre une Messe à *St. Mandé*, aux conditions que je leur donnerois de mes nouvelles si-tôt que je serois arrivé : je leur promis de mon côté de leur raporter à chacune un Singe & un Perroquet, & je m'embarquai.

Non, rien ne me dégoûteroit tant des Voïages que les adieux qu'ils occasionnent, & sur-tout quand il les faut faire à des gens qui nous touchent de si près qu'un Régent de Rétorique, une mere, & deux tantes. Je tremble encor quand je me represente que nous restâmes muets tous les cinq pendant quelque-tems ; que tous les quatre avoient leurs yeux humides fixés sur les miens ; que je les regardois tous, les uns après les autres ; que le cœur de ma pauvre bonne femme de chére mere creva le premier ; que celui des autres,

&

& le mien, crevérent auffi ; que
nous pleurions à chaudes larmes
tous les cinq, fans avoir la force
de nous rien dire ; que nous en vinmes, tous à la fois, aux plus ten-
dres embraſſements ; que nos larmes avoient de la peine à fe mê-
ler, tant elles étoient rapides ; &
qu'enfin le fpectacle étoit fi tou-
chant , que les deux cochers qui
nous avoient amenés , & qui pour
l'ordinaire ne font pas trop ten-
dres, ne pûrent s'empêcher de pleu-
rer auffi.

Tandis que j'étois occupé à reconnoître mon équipage , le Na-
vire fut mis *à flot* ; je le fentis à merveille par un ébranlement qui m'é-
fraïa , parce qu'il me furprit : je
montai fur *le tillac* pour voir la
manœuvre : déja le Pont-Roïal fe
retiroit pour nous faire place , &
tous les autres Navires chargés de
bois qui fembloient n'être là que
pour

pour s'opofer à notre paffage, fe rangeoient à la voix du Pilote, qui juroit comme un diable après eux.

A peine étions nous à la *demie Rade*, que plufieuts Paffagers aïant fait fignal du bord du rivage qu'ils vouloient s'embarquer avec nous, le Capitaine a fait jetter *la Chaloupe* en mer pour les aller racüeillir; aparemment qu'ils avoient retenu leurs places; nous avons été *tout bellement* jufqu'à ce qu'ils nous aïent joints; après-quoi nous nous fommes trouvés en pleine mer, vis-à-vis du nouveau *Carroufel*, & nous avons été bon train.

Uu petit vend de *Sud* nous pouffoit, & aparemment qu'il nous étoit contraire; car on ne *hiffa* aucune *voile*, pas même la *mifene*. L'odeur du gaudron commença tout d'un coup à me porter à la tête; je voulus me retirer plus loin pour l'éviter; mais je fus bien étonné, quand

vou-

voulant me lever il me fut impof-
fible de le faire. Je m'étois malheu-
reufement affis fur un tas de cor-
dages, fans prendre garde qu'ils
étoient nouvellement gaudronnés;
la chaleur que je leur avois com-
muniquée, les avoit incorporés fi
intimement à ma culote qu'il fallut
en couper des lambeaux pour me
débarraffer. Cette avanture ne dé-
plût qu'à moi feul; car de tous les
fpectateurs, il n'y avoit que moi
qui ne rioit point. Cependant nous
étions au *Nord* à la hauteur d'*un
port* qu'on me dit être celui *de la
Conference*; il y avoit à l'ancre plu-
fieurs Navires qui y chargeoient
diférentes marchandifes de Paris,
deftinées pour les païs étrangers :
de-là j'eftimai que ce que je voïois
à l'opofite étoit ce que nos Géo-
graphes de Paris apellent la *Gre-
nouillére*, parce que j'entendis le
chant des grenoüilles.

Nous

Nous dépaſſâmes *le Pont-tour-*
nant & *le petit Cours*, d'un côté
de la terre, & de l'autre *les Inva-*
lides & *le Gros-Caillou* : nous fî-
mes enſuite la découverte d'une
grande Iſle déſerte, ſur laquelle je
ne remarquai que des Cabannes
de Sauvages, & quelques vaches
marines, entremêlées de bœufs
ſauvages : je demandai ſi ce n'é-
toit point là ce qu'on apelloit dans
ma *Mappemonde* l'Iſle de *la Mar-*
tinique, d'où nous venoit le bon
ſucre & le mauvais caffé : on me
dit que non, & que cette Iſle qui
portoit autrefois un nom très-indé-
cent, portoit aujourd'hui celui de
l'Iſle des Cignes : je parcourûs ma
Carte ; & comme je ne l'y trouvai
point, j'en ai fait la notte ſuivante :
j'ai obſervé que les paturâges en
doivent être excellens, à cauſe de
la proximité de la mer, qui y four-
nit de l'eau de la premiére main ;

B   qu'on

qu'on y pourroit recueillir de fort bon beurre *de Bretagne* ; que si cette Isle étoit labourée, elle produiroit de fort joli gazon & bien frais ; que c'étoit de-là, sans doute, que l'on tiroit ces beaux manchons de cigne qui sont tant à la mode ; & que quoiqu'il n'y eût pas un arbre, il y avoit cependant bien des falourdes, & bien des planches entassées les unes sur les autres à l'air. J'ai tiré de-là une conséquence, que la récolte du bois & des planches étoit déjà faite dans ce Païs-là, parce que le mois d'Août y est plus hatif que le mois de Septembre à Paris ; qu'il n'y a point assez de granges ni de caves pour les serrer ; & qu'enfin c'est sans doute de-là que l'on tire ce beau bois des Isles que nos Ebénistes emploïent.

A deux pas de-là, sur un banc de sable vers le Midi, nous avions vû le débris d'un Navire Marchand

chand, que l'on nous a dit avoir fait naufrage l'hyver dernier, chargé de chanvre : un bon Bourgeois de *Donfront* * n'auroit point été touché de cette avanture, parce que c'est une herbe de malheur pour lui ; mais je ne sçaurois dissimuler combien ce spectacle m'a fait peine ; autant m'en pendoit devant le nés ; je pouvois périr & échouer de même.

Nous faisions toujours roûte, & nous cinglions en louvoïant le long du rivage, qui étoit couvert de pierre de St. Leu, que je prenois de loin pour du marbre d'Italie, lorsque pour supléer au défaut de marée, & au vent contraire, notre Pilote prudent & sage, parce qu'il étoit encore à jeun, a jetté un cable à terre, qui sur le champ m'a paru avoir été ataché à un Cha-

* En Basse-Normandie.

Chartier & à deux chevaux : j'ai remarqué que quoiqu'ils aïent toujours été le grand trot, & quelquefois même le galop tous les trois, nous les avons cependant toujours suivis sans doubler notre pas : c'est une belle chose que l'invention de la mer !

J'étois pour lors dans une assiette assez tranquille, puisque je m'occupois à consommer une partie de ma vituaille, lorsqu'aperçevant une longue Frégatte beaucoup plus forte que notre Vaisseau, & qui lançoit debout à nous, j'ai crû être perdû : la peur donne des aîles, dit-on, mais sûrement elle ne donne point d'apétit ; car il m'a manqué tout d'un coup : j'ai vû notre Capitaine sortir brusquement de sa chambre, & quitter une partie *de pied de Bœuf*, à laquelle il étoit occupé avec de Dames, pour monter sur *le Pont*, & crier à plusieurs re-

reprises *coit! coit! coit!* j'ai vû ensuite les Matelots de la *Fregatte*
lever le chapeau en l'air & crier à
des hommes & à des chevaux qui
étoient à terre, *ho! ho! ho!* j'ai pris
tout cela pour le signal de *l'abordage :* & atendu qu'il y a relâche
au théâtre de la guerre entre nous
& les Anglois, j'ai cru d'abord que
c'étoit une *Galere d'Alger* qui nous
alloit prendre & conduire à Mar-
seille avec ces pauvres Captifs
qu'on y conduit tous les ans de *la
Tournelle* & que les R. P. Mathu-
rins vont racheter *en Barbarie.*
J'étois dans un saisissement mortel;
car j'ai lû la liste des tourmens que
l'on fait souffrir aux pauvres Chré-
tiens, qui ne veulent pas se faire
recevoir dans la Religion de ces
Païs-là : voilà ce que c'est que d'a-
voir un peu de lecture; mais j'a-
vois déjà pris mon parti en galant
homme sur cela, quand j'ai vû *la
Fre-*

Fregatte se *remorguer*, & passer son chemin, elle étoit même déjà bien loin de nous, que je craignois encore qu'il ne lui prit quelque répit, & qu'elle ne *revirât de bord*. Cette *Fregatte* se nommoit, à ce qu'on m'a dit après, *la Parfaite*, de dix hommes & huit chevaux d'équipage, du port de je ne me souviens plus combien de tonneaux de cidre, chargée de marchandises d'épiceries, & commandée par le Capitaine *Louis-Georges Fréret*, faisant route de *Roüen* à *Paris* : cela me donna occasion de demander si *la Compagnie des Indes* passoit aussi par-là quand elle alloit chercher ces belles *toilles d'Hollande* au *Japon* ? Si nous étions encore bien éloignés du *Cap Breton* ? Si nous ne courions point risque de rencontrer les Russes qui viennent dans les *Pays-Bas* ? & si c'étoit par ici que j'avois passé

en

en revenant de Pantin où j'ai été
à nourrice ? Je m'aperçûs qu'à chaque question on me rioit au nés :
mais je crûs que c'étoit par ressou-
venir de l'avanture de ma culotte
gaudronnée : cependant, sans me
dire pourquoi on rioit tant, on
me tourna le dos, & je restai seul
assis au pied du *grand mats* où j'a-
chevai de déjûner.

Sur la pente douce & agréable
d'une coline qui borde le rivage du
côté du nord, s'élévent des Maisons sans nombre, plus jolies les
unes que les autres, qui forment
la perspective d'une grosse Ville,
que nous longions de fort près,
lorsque j'aperçûs à l'une de ses ex-
trêmités deux gros Pavillons octo-
gones à la Romaine, ornés de gi-
roüettes, percées d'un écusson res-
pectable, & aboutissans à une ter-
rasse qui régne le long d'un parter-
re charmant : je faisois observer à

un

un Abbé qui étoit venu fe mettre à côté de moi, qu'aparemment dans le tems des *Croifades de la Terre Sainte*, cette Ville avoit manqué d'être prife *d'efcalade* du côté de la mer par les *Turcs*, puifque les échelles y étoient encore reftées atachées aux murs, ou que c'étoit peut-être ce que nos plus grands Voïageurs ont nommé *les Echelles du Levant*: mais il me dit que ce Village s'apelloit *Chaillot*; que ces Pavillons apartenoient à S. A. R. & que ces échelles fervoient aux Blanchiffeufes du Païs pour aller laver leur linge. Je vis éfectivement la preuve de ce que me dit l'Abbé; car dans le moment même des femmes defcendirent & d'autres remontérent par ces échelles avec du linge, tandis que celles qui étoient reftées fur la grêve à échanger, battre, & laver leur leffive, nous dirent en paffant mille

le sottises que la pudeur ne me permet point de répéter ici : celle qui me piqua le plus, quoique la moindre de toutes, ce fût de m'entendre désigner & montrer au doigt, par une de ces *harpies*, que je ne connoissois point, qui ne m'avoit jamais vû, & qui m'a cependant apellé fils de G . . . . . je rougis pour ma pauvre chere mere qu'on mettoit ainsi en jeu mal-à-propos, & j'aurois été bien fâché qu'elle eut entendu cela ; car je puis bien certifier que si elle a eu la foiblesse de l'être, au moins personne n'a jamais osé le lui reprocher en public ; mon pere étant trop vif, & trop scrupuleux sur l'article du point-d'honneur, pour l'avoir souffert impunément : mais moi qui ne voulois pas d'affaires en païs étranger, j'ai feint de n'avoir point entendu : il est vrai que tous les autres Passagers ont bien pris mon

C   parti

parti & qu'ils m'ont aſſez vangé de cette impertinente qui m'avoit ainſi inſolentié ; car ils ont répondu par des repliques ſi coſſuës, que la plus vieille de ces *mégeres*, enragée de ſe voir démontée, a trouſſé ſa cotte mouillée, & nous a fait voir le plus épouvantable *poſtérieur* qu'on puiſſe jamais voir. Ah ! Ciel, diſois-je en moi-même, cette *Agnés de Chaillot*, dont la douceur & l'innocence m'ont tant édifié à Paris, ſeroit-elle de ce Païs-ci ? Tout ce qui m'étonnoit, c'eſt que j'avois fait tant de chemin, & qu'on parloit encore François : je compris de-là, que la langue Françoiſe étoit une langue qui s'étendoit bien loin.

Au bout des murs *de Chaillot*, & ſur le même profil, en régne un autre fort long & fort haut, qui renferme un grand clos de beaux jardins, & un gros corps de logis percé de mille croiſées

an-

antiques, & adossé à une Eglise fort
haute, dont la pointe du clocher
semble se perdre dans les airs : j'ai
d'abord imaginé que ce pouvoit être
cette superbe Chartreuse de Greno-
ble dont j'ai tant entendu parler à
ma pauvre tante Thérese, qui a manqué d'y aller en revenant un jour
de *Saint Denis* : mais une Dame
à laquelle je me suis adressé pour
sçavoir ce que c'étoit, me dit que
c'étoit *le Couvent des Bons hommes
de Passy* ; que c'étoit le seul qu'il
y eut au monde, que quoique la
maison me parût très-considérable,
elle étoit cependant très-mal peu-
plée, par la difficulté de la récruter
& de trouver des sujets qui con-
viennent à son institution : que l'on
n'a pû trouver de terrain assez
étendu pour y établir un pareil
Couvent pour les Bonnes femmes ;
& enfin, elle me dit là-dessus tout
ce que l'esprit de parti lui suggéra.

 Nous

Nous nous trouvâmes insensible-
ment vis-à-vis de deux Jardins char-
mans, fort voisins l'un de l'autre,
& dont la propreté & l'ornement
atirérent toute mon atention : je
lui demandai si tout cela dépen-
doit encore de la France? Elle se
mit à rire de ma simplicité : mais
moi qui ne voïageois que pour
aprendre, je n'avois point regret
de faire les menus frais de son di-
vertissement, pourvû qu'elle fit
ceux de mon instruction. Elle me
dit que ces deux Jardins étoient
destinés à prendre *les Eaux Mi-*
néralles de Passy ; que bien des fa-
milles étoient redevables à ces deux
endroits de leur origine & de leur
postérité ; que l'on y venoit de fort
loin pour recouvrer la santé ; qu'il
y avoit pendant toute la saison
une compagnie choisie ; qu'il y
avoit eu à la vérité autrefois
quelques abus dans le grand nombre

bre des personnes qui y venoient prendre les eaux ; mais que depuis que les tems sont devenus si durs , on n'y voïoit plus guéres que de véritables malades qui ne pensoient point à la galanterie ; qu'elle même n'y étoit venuë depuis plus de dix ans ; que le *Passy* d'aujourd'hui n'étoit plus le *Passy* de son tems pour les plaisirs ; & qu'enfin sa fille y étoit depuis un mois sans . . . . . Là nous fûmes interrompus par un Matelot qui nous vint demander si nous descendions au *Port de Passy* : la Dame se prépara pour y descendre ; le Pilote apella par trois fois de toute sa force *Jacob* qui en est le Passager ; & *Jacob* , le maussade *Jacob* aborda avec sa barque, dans laquelle entrérent ceux qui voulurent descendre.

Inquiet de ce que j'allois devenir , j'allois de la *prouë* où j'étois à la *poupe* : je montai sur le *tillac* pour voir si je ne découvrirois

C 3　　point

point Paris avec ma lunette d'aproche. Je m'orientai pour le trouver, & enfin je le vis sans le reconnoître : un tas de pierres, de cheminées & de clochers ne me repréfentoit plus Paris tel que je l'avois laiffé ; je n'y diftinguois plus aucune ruë, pas même celle de *Geoffroy-l'Afnier* où je demeurois : il me fembloit qu'il étoit abîmé depuis que j'en étois fortis ; je me figurois que cela ne feroit point arrivé fi je fuffe refté. J'avois beau regarder de tous côtés, je ne voïois autour du Vaiffeau qu'une mer orageufe qui cherchoit à nous engloutir ; & dans le lointain *des Terres auftrales* & inconnuës, des près, des bois & des montagnes arides, fur lefquelles il ne devoit croître que du vent, parce que j'y voïois beaucoup de Moulins. Il n'y avoit que la vûe du foleil qui me raffûroit un peu : je le reconnoiffois encore pour être

le

le même que je voïois au *Palais Roïal*, toutes les fois que j'y allois au méridien régler ma montre. O toi qui m'a toujours éclairé, lui dis-je, brillant foleil, plus beau mille fois que ne peuvent être tous les autres foleils du refte de la terre! Soleil qui m'as vû naître! Soleil dont je chéris la préfence! ne m'abandonne point! je fuis fait à ta lumiére bienfaifante, que fçais-je fi celle d'un foleil étranger ne m'incommodera point? Tiens, vois ma montre, accoutumée à être réglée fur toi feul, elle fe dérangera fans toi: puis, me retournant du côté de Paris, je lui difois: ô toi de qui je tiens le jour, Paris, fuperbe Paris! mon petit Paris! pourquoi t'éloignes-tu ainfi de moi? Maman, que ne viens-tu plutôt avec moi? que ne me fuis-tu? que ne t'es-tu embarquée avec moi? Je vois bien que tu es fàchée contre moi, parce que je t'ai quittée ſi bruſquement : mais ce n'eſt que pour un tems : je reviendrai , s'il plaît à Dieu , bien-tôt : je finirai mes jours dans ton ſein : je te laiſſe pour gages de ma promeſſe , ceux de ma tendreſſe ; ma mere & mes deux tantes , mon ſerin & mon chat-char-treux : tu ſçais combien tout cela m'eſt prétieux : ce n'eſt que pour les beaux yeux de la jeune & belle *Henriette* , que j'entreprens aujourd'hui de voïager, un amour ſi beau mérite bien quelqu'indulgen-ce de ta part : encore une fois Paris , mon cher petit Paris , pourquoi me fuis-tu?..Mais non,ingrat & infidèle que je ſuis,c'eſt moi qui te quitte!c'eſt moi qui t'abandonne! c'eſt moi qui s'éloigne de toi! Patrie, ô ma chére Patrie! je ſuis le ſeul coupable ! Ah, ſi jamais je reviens de ce Voïage , que tu auras lieu d'être contente de moi par la ſuite! c'eſt la premiére fois de ma vie que je te quitte de-

puis

puis vingt-cinq ans que je suis au monde ; mais ce sera la derniére. Je te demande mille fois pardon : tu dois passer quelque chose à la jeunesse.... Puis, troussant mon habit, vois, Paris, vois ma pauvre culotte neuve toute perduë ; l'accident qui lui est arrivé, n'est-il pas déjà un commencement de l'expiation de mon crime ? Mes inquiétudes , mes regrets, mes soucis , mes remords , mes larmes enfin expieront assez le reste.

Mais quoi, la terre marche & semble retourner d'où je viens ! il ne restera donc plus où je vais , que des *Antipodes* & de l'eau ? Encore fuit-elle aussi sous le Navire ! *Quid est tibi mare quod fugisti ?*... Ah , ma chére Henriette, que vous me causés de peines ! mais je vous les sacrifie toutes d'aussi bon cœur que je vous aime.... A ce mot d'Henriette , j'ai repris tous mes sens ,

comme

comme si je fusse revenu d'un grand évanouissement : j'ai songé que bien-tôt j'allois avoir le bonheur d'être auprès d'elle, que je la verrois face-à-face, que je lui parlerois, qu'elle me répondroit, que je l'embrasserois, qu'après lui avoir démontré par ce trait de mon obeïssance le *quantum* je l'aime, je trouverois peut-être le moment favorable de lui en prou-ver le *quòmodo* ; & qu'enfin ces beaux yeux me serviroient de soleil, si celui de St. Cloud ne me conve-noit point. Toutes ces réflexions me remirent le cœur au ventre.

En tournant les yeux de côté & d'autre sur tous les différents climats que je pouvois découvrir à perte de vûë, j'aperçus sur notre droite, un Palais enchanté, qui me parût bâti par les mains des Fées : son jardin vaste & spatieux, dont les murs sont baignés par la mer, est d'un goût charmant : la distri-bution

bution des berceaux & la propreté
des allées, me le firent prendre
pour le même qu'habitoit autrefois Vénus à *Cithère* ou à *Paphos*.
Mais tandis que je réfléchissois sur
le goût des étrangers pour l'archi-
tecture, j'aperçûs encore, non loin
de celui-ci, & sur le même point
de vûë, un autre Palais beaucoup
plus considérable, tant pour l'é-
tenduë des bâtiments, que pour
l'immensité des jardins : ce fut pour
le coup que je crus être près de
Constantinople, & que c'étoit-là le
Sérail du *Grand Seigneur*. Mais un
de nos Matelots à qui je demandai
à quel degré de longitude il esti-
moit que nous pouvions être, &
ce que c'étoit que ces deux Palais,
me répondit, que de ces deux maisons, la premiére apartenoit à Ma-
dame de Seffac, & la seconde à
Monsieur de Rieux ; & qu'à l'é-
gard des degrés de longitude, il

ne connoiſſoit point ces rubriques-
là ; puis il me demanda ſi je n'allois point à *Auteüil*, & il fit la même queſtion à tous les paſſagers, les
uns après les autres ; ce qui me
donna la curioſité de m'informer
de ce que c'étoit qu'Auteüil : on me
répondit, qu'*Auteüil* étoit cette
Ville que je voïois devant moi,
que Meſſieurs de Ste. Geneviéve
en étoient Seigneurs, & y avoient
une fort jolie maiſon ; que bien des
Bourgeois de Paris y en avoient
auſſi ; qu'il y avoit un fameux Ocu-
liſte, nommé *Gendron*, que l'on y
venoit conſulter de bien loin, que
c'étoit la moitié du chemin de Paris à Saint Cloud : & qu'enfin cet
endroit étoit bien fréquenté. Il
faut avoüer, m'écriai-je alors, que
les environs de Paris ſont bien bâ-
tis, & que les frontiéres de la France ſont bien gaïes ! non, la belle
ruë *Trouſſe-Vache* où demeure ma
mere

mere à Paris n'a rien de compara-
ble à tout cela.

O ma mere, difois-je en moi-
même, que vous êtes actuellement
inquiette de moi, auffi-bien que mes
deux tantes! & que je voudrois bien
rencontrer ici quelqu'*avifo* qui fit
voile pour les côtes de Paris, afin
de vous donner de mes nouvelles!
hélas! peut-être mon chat & mon
ferin font-ils morts de déplaifir de
ne me plus voir.... Mais que le
monde doit-être long, ajoutai-je!
quoi, depuis le tems que je marche les Mers, je ne fuis encore
qu'à la moitié du chemin que j'ai
à faire? O Mer que tu t'étends au
loin! peux-tu être fi vafte, & la
morüe fi chére à Paris? Cette réflexion me rapella ce beau Canti-
que nouveau de l'Opéra-Comique
qui commence par ces mots, *Vaf-
tes Mers* ! je le frédonnois entre les dents lorfque je découvris

à

à *l'Oüeſt* un Navire à peu près ſem=
blable au nôtre, mais plus fort,
qui venoit à bride abatuë ſur nous :
oh ! pour le coup je comptai bien
que nous en allions découdre ; car
je voïois à merveille que ce n'étoit
point un Vaiſſeau Marchand , en
ce qu'il y avoit trop de monde à
fond de calle qui regardoit par les
fenêtres : on eut dit de l'Arche de
Noé. Je ne pouvois pourtant point
m'imaginer non plus , que ce fût
un Vaiſſeau de Guerre , parce que
je n'y voïois ni canon, ni pierriers,
ni affuts ; mais j'apréhendois que
ce fût un *Saletin* de *Poiſſy* qui cher-
chât à jetter les *grapins* pour tenter
l'abordage à l'arme blanche , que
je crains naturellement très - fort :
je voïois un nombreux équipage
rangé en bonne contenance ſur *le
Pont* & ſur *le Tillac*. Mon premier
mouvement fut de tirer mon cou-
teau de chaſſe ; mais je fis réflexion

que

que peut - être l'air de la Mer le
rouilleroit, & je pris feulement ma
lunette d'aproche pour en reconnoître le Pavillon, afin de fçavoir
au moins à qui nous allions avoir
à faire , & pour prévoir de plus
loin ce que tout cela alloit devenir.
Ce qui me tranquilifoit pourtant,
c'eft qu'avec cette même longue
vuë je voïois notre équipage fe-
rain, & les paffagers peu inquiets :
& effectivement nous paffâmes ra-
pidement à la portée du coup de
poing l'un de l'autre fans nous rien
faire : je m'aperçûs même que notre
Vaiffeau, qui fembloit avoir peur,
doubla fon pas à l'aproche de l'autre , qui n'ofa pourtant nous ata-
quer ; nous qui avions encore du
chemin à faire , nous ne voulûmes
point non plus nous amufer. Nous
prîmes *le bord d'hors*, & lui *l'a-*
vant terre, & nous en fûmes quit-
tes pour quelques fignes de chapeau

beau de la part des Nautonniers,
& pour des fotifes que fe dirent
réciproquement les Paffagers : pour
moi je les faluai de bon cœur fort
poliment , & je me congratulois
d'en être échapé à fi bon marché,
après la peur que j'avois euë, lorfque je vis notre Pilote revirer *de*
bord , & d'un coup de *gouvernail*
lancer de bout à terre , à une efpéce
de *Cap* en forme de *Promontoire* ,
que je prenois pour le *Cap de Bon-*
ne-Efpérance, quand on me dit que
c'étoit *le Havre* de cette fameufe
ville d'Auteüil , dont on m'avoit
parlé tout à l'heure : nous y *mouil-*
lâmes , on porta la planche à terre,
& il fortit vingt à trente perfonnes
qui n'alloient pas plus loin.

Une petite avanture nous retar-
da un peu à ce Port plus que nous
n'aurions dû ; c'eft que la jettée y
étoit fi efcarpée , & la montée fi
dificile , qu'une jeune fille aïant
roulé

roulé à la Mer, avec un Abbé qui lui donnoit la main, & qu'elle entraîna avec elle, deux de nos Matelots plongérent pour les repêcher : j'ai observé pour lors qu'il est bien vrai de dire, que quand on se noïe, on s'acroche où on peut, sans jamais lâcher sa prise : car la fille qui, en tombant, s'étoit accrochée à la jambe droite de l'Abbé, s'y tenoit encore quand on la repêcha ; & l'Abbé qui s'étoit jetté à son col quand elle l'entraîna, la tenoit encore embrassée étroitement au sortir de l'eau. La fille perdit sa garniture & son éventail, & l'Abbé son chapeau & son parasol. Quand le danger fut disparu entiérement, nous rîmes un peu de l'état où se trouvérent nos baigneurs, & sur-tout de leur atitude ; je ne sçai s'ils recouvrérent leur perte, parce que nous reprîmes le large. Peu de tems après la

D   fem-

femme de notre Capitaine fut à tous les passagers faire païer leur *fret*; elle vint à un Capucin, qui étoit à côté de moi, & qui tira de dessous ses aisselles un chapelet à gros grain, dont il paia son passage; elle s'adressa ensuite à moi, & je païai : elle étoit suivie par un pieux matelot, qui se disant chargé de la procuration de *St. Nicolas*, le Neptune ordinaire des Marins, excitoit la dévote générosité des Voïageurs; je fus du nombre de ceux qui désirérent avoir part aux priéres promises, & je fis mon offrande.

Sur la rive oposée en tirant au *Sud-Oüest*, est une petite masure isolée, dont l'exposition heureuse, quoique très-retirée, semble annoncer une de ces retraites que se choisissoient autrefois ces saints Anachorettes, lorsque dégoûtés du monde, ils vouloient renoncer entiérement à son commerce,

pour

pour se livrer à la contemplation
des choses célestes. Au milieu de
quelques arbres mal dressées , &
plantées au hazard, rampe humble-
ment un petit corps de logis , dont
la simplicité fait tout l'ornement ;
l'Art paroît avoir moins participé
à la décoration de ce lieu que la
simple & belle nature ; cependant
tout y rit ; & je me trompe fort , si
ce n'est point là qu'étoit au tems ja-
dis , ce fameux Desert où *St. An-*
toine fut tant tourmenté par le malin Esprit , lors de ces belles tenta-
tions que *Calot* nous a si bien gra-
vées ; car on voit encore à quelque
distance de - là un Moulin que ce
Saint Hermite fit venir aparemment de *Montmartre* exprès ,
pour son usage & celui de son mé-
nage , & sous lequel il y a encore
un *toit à cochon* , le tout compose
un ensemble , qui m'a parû si char -
mant, que je crois que si jamais il

prenoit fantaisie à la Madeleine de revenir sur terre, & qu'elle passât par cet endroit-là, elle n'hésiteroit point à le préférer à la *Ste. Baume.*

Quelqu'un qui me vit atentif à examiner un lieu que je paroissois avoir regret de perdre de vuë, prévint ma curiosité, en me disant ; » Hé bien, Monsieur, vous con- » sidérés donc cette fameuse *Guin-* » *guette*, autrefois si fréquentée, » où l'Amour étoit venu de Cythè- » re exprès, pour la commodité de » Paris, établir une manufacture » de plaisirs, à la honte des famil- » les bourgeoises. C'étoit-là autre- » fois l'écueil où *Carybde* & *Sylla* » prenoient plaisir à faire échoüer » la vertu, à tendre des piéges aux » *Vestales* ; c'étoit le rendez-vous » de la lasciveté, de l'impureté, de » la prostitution & de l'adultére : » tous les vices s'y rassembloient » de toutes parts : mais tout est bien

» chan-

» changé aujourd’hui. *Bréant* est
» mort, & le *Moulin de Javelle*
» que vous voïez aujourd’hui, n’est
» que l’ombre de celui que j’ai vû
» de mon tems. « Qu’apellez-vous
Moulin de Javelle, Monsieur, lui
repartis-je ? Est-ce que c’est-là ce
Moulin de Javelle dont j’ai entendu parler sur l’Affiche de la Comé-
die Françoise à Paris ? » Oüi, Mon-
» sieur, me dit-il, c’est le même
» pour lequel on a voulu inspi-
» rer de l’horreur aux jeunes gens,
» en leur representant tous les de-
» sordres qui s’y commétoient.

Tandis que nous causions, je n’a-
vois point pris garde que notre cor-
de s’étant perduë à une barque de
Pêcheur, qui étoit au bord du rivage, elle se lâcha, & m’étant
apuïé dessus, elle manqua de me
jetter à la mer, lorsqu’elle vint à
se tendre : je tombai par bonheur
à la renverse sur *le pont*, & j’en fus
quit-

quitte pour la peur , & pour mon chapeau & ma perruque , qui furent emportés à la mer , je les vis dans l'inftant bien loin derriére moi, qui fembloient retourner à Paris. Si ma mere les voit , difois-je en moi-même , elle reconnoîtra bien mon chapeau à *Ragotzy* , & ma perruque à queuë, elle les repêchera , & peut-être que cela ne fera point perdu. Je fus vìte à ma male, pour réparer tout mon defaftre. On fe rit toujours des malheureux ; auffi fe moqua-t'on beaucoup de moi. On voulut voir ma culotte gaudronnée ; j'en avois pris une autre. Je remontai fur le tillac ; & comme je regardois avec ma longue vuë, qu'aux environs de deux Villes éloignées , qu'on me dit être *Vaugirard & Iffy* , il y avoit des campagnes & des côtes couvertes de petits arbriffeaux , liés à des manches à balai , je demandai ce

que

que c'étoit, & l'on me dit que c'étoit
des vignes; que de ces vignes sortoit
le raisin, & du raisin le vin : je jugeai
tout de suite que c'étoit aparemment
de-là que provenoient tous ces bons
vins de *Bourgogne* & de *Champagne*
que l'on boit à Paris si chérement,
parce qu'ils viennent de si loin.

A peine avois - je enfanté cette
heureuse réflexion , en m'aplau-
dissant secrettement de ce que je
sentois, qu'à force de voïager, mon
esprit s'étoit déja bien formé, que
regardant de la *poupe* , où j'étois,
à la *proue* , je découvris une seconde *Isle* , beaucoup plus considérable que celle que nous avions déja passée : j'estimai qu'elle devoit
être entourée d'eau de tous les côtés, parce qu'elle étoit dans le milieu
de la mer : je ne vis dessus ni maisons , ni gens, ni bêtes ; pas même un clocher : nous la laissâmes
sur notre gauche , & je la jugeai
une

une de ces *Isles* de la mer *Ægée*, qui sont si remplies de serpents & de bêtes venimeuses, que jamais *Paul Lucas* * n'osa y aborder : je vis éfectivement plusieurs perdrix sauvages qui voloient par-dessus sans s'y arrêter, & des petits animaux gros comme des chats, qui à notre vûë se sauvoient dans des trous qu'ils avoient pratiqués sur les *Bergas* de cette Isle dans des buissons : les Perroquets y sont noirs, & ont le bec jaune : j'observai ensuite qu'elle avoit été sciée par un bout, afin de former un *détroit*, qui conduit à des Habitations éloignées, qui sont de l'autre côté du rivage : tout autre que moi auroit pris ce *détroit* pour celui de *Gibraltar*, ou tout au moins de *Calais* : mais quand on sçait un peu sa Carte, on ne se trompe guéres.

Là

* Voïageur Normand.

Là je vis des hommes en chemise,
occupés à tirer du fond de la mer
un Banc de sable, qu'ils transpor-
toient à terre dans des Chaloupes:
je vis tout-d'un-coup la notre qui
prit le large & se sépara de nous
pour passer ce *Détroit* à force de
rames : elle étoit chargée de Voïageurs, dont les uns alloient, à ce
qu'on m'a dit, au *Château Gaillar-*
din, à *Moulineaux*, à *Meudon*, &c.
& les autres conduisoient des enfans à *Clamart*, où j'apris qu'il y
avoit une Pension fort renommée
pour l'éducation & l'instruction de
la jeunesse.

Nous passâmes ensuite à la vuë
d'un endroit assez joli, que les gens
du païs apellent *Billancourt* : je n'y
remarquai rien qui fut digne de la
curiosité du Voïageur, sinon que
ce Païs - là me parût ne produire
guéres d'hommes, parce que je n'y
en vis qu'un seul ; mais qu'en ré-

E   com-

compenſe auſſi, il y croiſſoit bien
des Moutons de Berry; car il y
en avoit beaucoup qui étoient
marqués ſur le nés, & qui ſe pro-
menoient au bord de la mer : un
homme que je pris pour être de
leur compagnie, parce qu'il n'en
étoit pas éloigné, & qu'à ſa hou-
lette & ſon chien je jugeai devoir
être un Berger, me fit reſſouve-
nir de celui à qui *Virgile* faiſant ſes
caravanes, comme moi, diſoit un
jour en paſſant près de lui :

Tytire tu patulæ recubans ſub tegmine fagi,
Silveſtrem tenui muſam meditaris avenâ ;
Nos patriæ fines, & dulcia linquimus arva :
Nos patriam fugimus, tu Tytire lentus in umbra
Formoſam reſonare doces Amaryllida ſylvas.

Peut-être bien auſſi pouvoit-ce
être encore ce même Tytire-là ;
car il étoit éfectivement étendu
nonchalament au pied d'un noïer,
qui

qui étoit le hêtre de ce tems-là, où il prenoit le frais en joüant du chalumeau.

Nous continuïons notre route, lorsqu'une noire & épaisse fumée qui couvroit la cime d'une montagne sur notre gauche, me fit préfumer que c'étoit aparemment ce fameux *Mont-Véfuve*, dont j'ai entendu parler, qui vomit des flâmes, & jette des pierres jufques dans la Ville de Naples, dont il eft cependant éloigné de deux milles : une odeur de fouffre & de bitume, qui me frapa, me confirmoit encore dans cette idée, lorfque faifant part de mon foupçon à un quelqu'un qui étoit auprès de moi, & lui demandant fi de-là où nous étions il n'y avoit rien à rifquer pour nous, il me fit réponfe, que ce n'étoit point ce que je penfois ; & que cette fumée que je voïois, fortoit des fours d'une verrerie qui étoit-là.

Ah!

Ah ! que que le latin est une belle chose, disois-je en moi-même, il sied bien d'abord à un Régent, pour l'aprendre aux autres; à un Curé de campagne, pour aprendre son plein-chant; à un Avocat, pour citer son *Cujas*; à un Médecin, pour parler à la fiévre; à un Chirurgien, pour répondre au Médecin; & à un Apotiquaire, pour ne point faire de *qui-pro-quo*. Mais il sied encore mieux à un Voïageur, pour se faire entendre dans le païs étranger, car avec un *da mihi panem & vinum* bien apliqué, on va par toute terre; on a du pain, du vin, & l'on vit.

A mesure que je m'éloignois ainsi de Paris, la chaleur augmentoit à un point, que j'estimai que nous devions être pour lors sous la ligne, ou du moins à côté : je n'y pouvois plus tenir; & déja je m'aprêtois à descendre dans le fond,

lors-

lorſque j'aperçûs un Pont ſur lequel paſſoient différentes voitures ; je le pris d'abord pour *le Pont-Euxin* ; mais comme je prenois ma carte & mon compas pour me reconnoître , j'entendis un murmure confus parmi tous nos Voïageurs & nos Matelots , qui me fit comprendre que nous allions aborder : éfectivement nous lançâmes de bout à terre : on mit la planche , & le monde ſortit : je demandai ſi c'étoit-là *la Ville de St. Cloud* ; on me dit que non , & que c'étoit le Port de Sêves ; mais que St. Cloud n'en étoit pas éloigné , & on me le montra : je pris congé du Capitaine & de ſa femme , & je ſortis le dernier : la tête me tourna ſi - tôt que j'eus mis pied à terre , & je croïois toujours ſentir le balancement du Navire : je traverſai le Pont du mieux qu'il me fut poſſible : il y avoit au bout de ce Pont

E 3   une

une Chapelle où un vénérable Capucin du Marais nous dit la Messe , en action-de-graces de notre heureuse arrivée : tous les Voïageurs y assistérent , & moi aussi : j'entrai chez un nommé *Champion* écrire promptement à ma mere ; excepté trois ou quatre maisons bourgeoises assés passables qui terminent ce Port le long de la mer , je n'y ai rien remarqué qui mérita mes observations.

J'ai pris deux crocheteurs pour porter mon équipage & un guide pour me conduire : il me fit traverser une longue forêt , au bout de laquelle nous entrâmes dans la Ville , où après en avoir passé quelques ruës , nous arrivâmes enfin chez mon ami : ce fut la charmante Henriette qui nous ouvrit la porte : je me jettai à son col , où je restai quelque-tems immobile de plaisir ; elle m'in-

tro-

troduisit dans une salle où étoit son
frére , qui m'atendoit avec plusieurs de ses amis : je demandai
une chambre où je pusse m'ajuster ; on m'en donna une , où je
changeai de la tête aux pieds : je
descendis pour me mettre à table ;
j'y officiai très-bien , & je fis tant
d'honneur à mon hôte , que tout
le monde m'en fit compliment : il
faut avoüer que le métier de Ma-
rin est bien séduisant , puisque
quand une fois on est sorti du pé-
ril , on l'oublie : je ne pensai plus
aux dangers que je venois de cou-
rir , que pour en faire le recit à
la Compagnie , qui rit beaucoup
de ma simplicité ; & ma naïveté
païa mon écot : après le dîner , on
proposa une promenade *au Parc* ,
pour m'y faire voir les eaux qui
devoient joüer ce jour - là : nous
partîmes : je donnai le bras à ma
chére Henriette ; nous arrivâmes

au

au Château , dont les dehors fur-
prirent ma vûë : mon ami , qui
avoit été *Enfant de Chœur aux In-
nocents* , connoiſſoit l'Organiſte du
Château (car tous les Muſiciens ſe
connoiſſent) il le demanda , & par
ſon canal on nous laiſſa voir tous
les apartements : ce fut pour lors
que je ne fus plus à moi , tant j'é-
tois enchanté. On me fit voir dans
une glace la perſpective de Paris
qui m'amuſa beaucoup. La richeſ-
ſe des ameublements , & la beau-
té des peintures , me firent oublier
Henriette : je la perdis avec ma
compagnie , que je ne retrouvai
qu'après bien des recherches , dans
l'Orangerie , d'où nous fûmes voir
joüer les Eaux qui commençoient:
je n'ai jamais rien vû de ſi beau au
monde. Là, deux *Fleuves* éten-
dus nonchalamment ſur des ro-
ſeaux & des joncs , penchoient
une Urne , dont l'eau pure & clai-
re

re qui en fortoit retomboit en différentes Cafcades , qui remplilfoient
des Balfins à différents étages. Là
des *Naïades* éfraïées fembloient fe
cacher au fond des ondes , pour
échaper à la pourfuite de certains
jeunes *Fleuves* amoureux d'elles ;
d'un côté , une nape d'eau , fur
laquelle baignoient des *Cygnes*, re-
prefentoit au naturel le Bain que
Diane s'étoit choifi , lorfqu'elle y
fut furprife par *Actéon* : de l'autre,
des *Nymphes Marines* , cachées
dans les herbes , fembloient prendre plaifir à faire des malices aux
curieux : ici c'étoit un lac , dont
l'eau écumante fe précipitoit dans
le fond de la terre pour en reffor-
tir élaftiquement & en couroux,
en pluïe dans les airs. Des routes
cultivées avec foin formoient des
Allées à perte de vûë ; des Parter-
res immenfes , émaillés de mille
fleurs & cultivés par Flore elle-
même ,

même, éblouïſſoient les yeux par l'éclat nuancé de leurs différentes couleurs : des Boſquets enchantés, réſervés aux ſeuls *Zéphirs*, y ſervoient de retraite aux oiſeaux, dont la diverſité du chant charmoit les oreilles : des *Faunes* & des *Driades*, diſperſés dans le bois, ſembloient en faire les honneurs, & inviter les paſſans à s'enfoncer avec eux dans leurs ſombres demeures pour y éviter l'ardeur du ſoleil. Tout y eſt ſi grand & ſi noble, que je ne me ſens point aſſés de talent pour en faire une exacte deſcription ; mais il me ſufit de dire que tout s'y reſſent de la magnificence du Prince & de la Princeſſe qui y habitent, & qu'il ſemble que la nature, l'art, & le goût, s'y ſoient donnés ren-dez - vous pour s'y diſputer la gloire de perfectionner un ſéjour où il ne reſte rien à deſirer

pour

pour la situation & l'ornement.
Nous revinmes chez mon ami dans
le même ordre que nous en étions
partis , mais par un chemin diffé-
rent, afin de me faire voir tout ce
qui méritoit d'être vû dans le Parc :
il étoit tard , on avoit servi & nous
soupâmes. Avant de se coucher on
fut se promener dans le jardin : la
chaleur étoit si excessive , que chacun se permit réciproquement la
liberté de se mettre à son aise : Henriette donna l'exemple aux autres
Dames : vétuë à la legére , d'un
deshabillé galant & simple, elle
me donna un éventail pour la ra-
fraichir : avec cet habit de combat ,
elle sembloit défier les Zéphirs &
moi : je ne l'ai jamais trouvée aussi
charmante que ce soir-là : je l'aimois à Paris , je l'aimois encore plus
à Saint Cloud: *qui cœlum non ani-*
mum mutant : nous nous reposâmes
dans

dans un petit rond de gazon fort
étroit, où l'on ne pouvoit tenir
que deux, encore fort petitement.
Cependant l'Amour qui cherchoit
le frais aussi, trouva le moïen, à
force de pousser, de s'y faire faire
place dans le milieu, & vint folâ-
trer avec nous : je crus d'abord que
ce petit Dieu badinoit ; mais il le
prit en vérité très-sérieusement.
L'obscurité de la nuit favorisoit son
malin vouloir, & je vis le moment
qu'il en alloit venir au *quomodo* de
tantôt, si la compagnie ne fut sur-
venuë : il étoit tems ; car déja l'heure du berger alloit sonner, déja
le bandeau étoit levé pour mieux
ajuster, l'arc tendu & la fléche à
demi décochée : & je crois que
nous l'aurions laissé faire, Henriette & moi ; car aussi-bien, qu'au-
rions-nous pû contre un Dieu aussi
mutin que l'Amour, & qui n'a rien
d'enfant

d'enfant que le nom ? Mais on vint nous débarraffer de fes mains : chacun fut fe coucher : je ne fçai ce que fit Henriette ; mais je ne pûs fermer l'œil de toute la nuit : je me repréfentois toujours le rond de gazon, l'Amour bandant fon arc, la fléche prête à partir, Henriette foupirant, fon négligé, le bandeau levé, & enfin, tout ce qui avoit contribué à m'embarraffer le foir.

L'Aurore fortoit à peine des bras de Titon, pour venir fe trouver au petit lever du Soleil, à qui elle a foin de faire tous les jours fa cour, qu'un vent impétueux battant la fenêtre de ma chambre, que j'avois laiffée ouverte à caufe de la chaleur, m'a annoncé un orage prochain ; & éfectivement mille éclairs éfraïans, qui fe fuccédoient fans relâche les uns aux autres, furent tout-d'un-coup fuivis d'horribles

éclats

éclats de tonnerre, qui se répé-
toient à l'envi : une pluïe rapide
& condensée, semblable à celle
du Déluge, paroissoit un nuage
qui se détachoit des airs pour tom-
ber sur la terre en gros pelotons,
& pour empêcher le jour de pa-
roître : l'allarme fut générale alors
dans la maison : tout le monde se
leva, parce qu'il avoit peur du tonnerre, & l'on se réunit dans la
salle à manger dont on avoit fermé
la porte, les fenêtres, les volets,
& les rideaux : la Jardiniére entra
en chemise avec un cierge bénit
allumé, & une grosse bouteille
d'eau benite, dont elle arrosa la
compagnie, qui au moindre coup
de tonnerre se prosternoit pour se
mettre en priére. J'étois le seul qui
ne se démontoit point : je ne m'é-
tois levé que par complaisance &
dans le dessein de rassurer les au-

tres,

tres, & sur-tout ma chére Henriette, que je sçavois être extrêmement peureuse, j'avois beau leur remontrer à tous, que la peur ne servoit à rien, puisqu'elle ne pouvoit nous garantir des éfets du tonnerre; je passai pour un impie, qui ne craignoit point ce qui étoit au-dessus de lui : je riois des extravagances que je voïois faire. L'orage dura près de deux heures avec la même violence, après-quoi on éteignit le cierge bénit, & chacun se retira dans sa chambre pour se remettre au lit : on ne se leva que pour aller à la derniére messe : on revint dîner : les uns retournérent à Paris, les autres restérent, & je fus du nombre de ces derniers ; j'y passai neuf jours avec tous les plaisirs imaginables : Henriette me faisoit voir aujourd'hui son potager, demain sa vigne, après-demain son champ,

champ , enfuite fon pré & fon
verger. J'appris comment on faifoit venir les légumes , comment
on faifoit le vin , comment on fe-
moit & moiffonnoit le bled & les
autres grains , comment on récol-
toit le foin ; & enfin je connus toutes les différentes efpéces des fruits.
Il faut convenir que les femmes ont
l'efprit bien pénétrant , & qu'elles
font bien propres à dreffer & à fa-
çonner les jeunes gens quand elles
veulent bien s'en donner la peine :
car Henriette m'en aprit plus en
neuf jours, que mon Régent n'a-
voit fait en neuf ans que j'avois été
au Collége : fon frére qui y joignit
fes leçons, me fit revenir de l'erreur où j'étois , par rapport à l'é-
tendue de la terre & à l'idée que
je m'en étois figurée , & me fit fen-
tir le ridicule du préjugé dans lequel font élevés pour l'ordinaire

tous

tous les enfans de Paris qui n'ofent
fortir de chez eux. Enfin je me
trouvai dégourdi de corps & d'efprit en peu de jours, & je me promis bien à mon retour à Paris d'en
revendre à tous mes camarades : à
beau mentir qui vient de loin, difois-je en moi-même : je leur ferai
croire ce que je voudrai ; ils n'o-
feront jamais y aller voir.

Enfin arriva le jour fixé pour
retourner à Paris : Henriette s'em-
barqua avec tout le bagage, & fon
frére & moi partîmes pour nous
y rendre par terre : nous prîmes par
le *Bois de Boulogne*, jufqu'à *Paffy* ;
de-là par le petit Cours, & nous
vinmes atendre la Galliotte qui n'arriva qu'une bonne heure après
nous : nous avions retenu un ca-
roffe dans lequel monta ma chére
Henriette, que je reconduifis chez
elle ; je rentrai chez moi, je trou-

vai

vai mon chat & mon serin qui se portoient bien , mais qui ne me connoissoient plus ; je fis dire ensuite à ma mere & à mes deux tantes , que j'étois arrivé ; & me voilà.

F I N.